PROFISSÕES

UM LIVRO DE NOMEAÇÃO

Todolivro

Rodovia Jorge Lacerda, 5086 - Poço Grande
Gaspar - SC | CEP 89115-100

Ilustração:
Freepik e Shutterstock

Revisão:
Helena Cristina Lübke

IMPRESSO NA CHINA
www.todolivro.com.br

Dados Internacionais de Catalogação na Publicação (CIP)
(Câmara Brasileira do Livro, SP, Brasil)

Profissões: Memória - 4 anos / Todolivro; [Ilustração: Freepik e Shutterstock].
Gaspar, SC: Todolivro Editora, 2023.
(Todolivro Play; 22)

ISBN 978-65-5617-924-7

1. Jogos educativos - Atividades 2. Literatura infantojuvenil I. Todolivro. II. Shutterstock. III. Série.

23-146658 CDD-028.5

Índices para catálogo sistemático:

1. Jogos educativos: Literatura infantil 028.5
2. Jogos educativos: Literatura infantojuvenil 028.5

Eliane de Freitas Leite - Bibliotecária - CRB 8/8415

Como jogar: de 2 a 3 jogadores

1. Este box contém **um jogo da memória com 36 peças.**
2. **Um por vez,** cada jogador deve virar **duas peças** e deixar que todos as vejam. **Caso as peças sejam correspondentes,** o jogador **deve recolher para si esse par e jogar outra vez.**
3. **ATENÇÃO:** o **jogo da memória** é para testar, também, o **conhecimento aprendido no livro,** ou seja, a **correspondência a ser feita é profissional e instrumento de trabalho. Se forem peças diferentes do contexto profissional, elas devem ser viradas novamente, sendo passada a vez ao jogador seguinte.**
4. **Vence aquele que encontrar o maior número de pares correspondentes (profissional x instrumento de trabalho).**

Dicas:

1. Aproveite este incrível material para enriquecer a vivência e o repertório da criança. Por exemplo, com relação ao **nome dos profissionais e seus instrumentos de trabalho, leia-os e peça para que a criança os repita em voz alta.**
2. É possível, também, **brincar de adivinha** — é só tapar a parte do livro que tem o profissional e perguntar: **"De quem são estes instrumentos de trabalho?"**. E assim por diante.
3. Pode-se trabalhar **aspectos cognitivos após a leitura,** perguntando:**"Qual profissão usa serrote, madeira e cinzel?"** Faça isso com todos os profissionais apresentados.
4. Após a leitura, é possível fazer uma **discussão do conteúdo visto** e descobrir certa **afinidade** com alguma profissão perguntando à criança: **"Você já escolheu o que vai ser quando crescer?"**

Objetivo: **Conhecer as profissões e seus instrumentos de trabalho contextualizando-os, além de treinar a memória e se divertir muito.**

Cuidado com as peças:

- Guardar dentro da caixa em local seco e arejado.
- Não expor à alta temperatura.
- Não molhar, dobrar, perfurar, colar ou riscar.
- Evitar atrito excessivo nas bordas para não danificar as camadas do cartão.
- Para limpar, use um pano seco ou levemente úmido apenas nas superfícies.

Boa diversão!

MÉDICO

O que faz:
Trata as pessoas doentes

Onde:
Hospitais e consultórios

- Faz uso em seu trabalho:

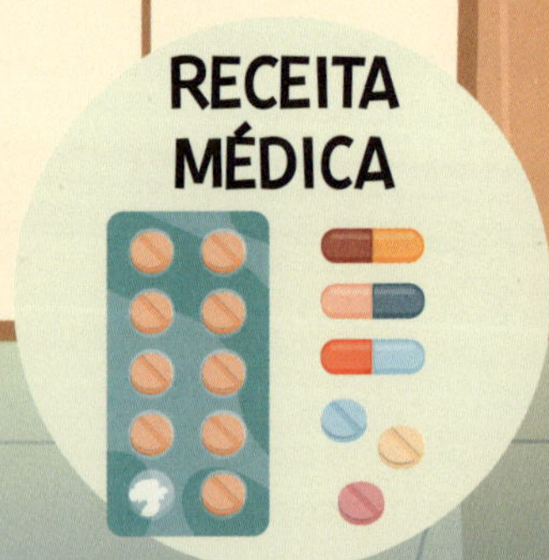

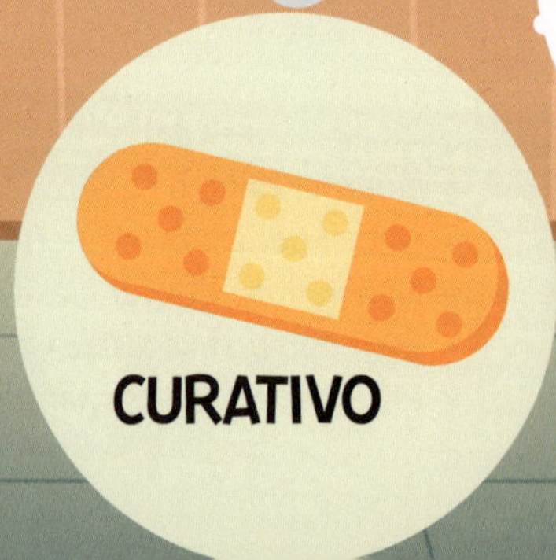

• Faz uso em seu trabalho:

MARCENEIRO

O que faz:
Constrói móveis

Onde:
Marcenarias

• Faz uso ou é parte de seu trabalho:

ARTISTA

O que faz:
Cria obras de arte

Onde:
Ateliês de arte

- Faz parte de seus instrumentos de trabalho:

POLICIAL

O que faz:
Protege e cuida da segurança da população

Onde:
Delegacias e rondas pela cidade

• Faz parte de seus instrumentos de trabalho:

PEDREIRO

O que faz:
Constrói casas, prédios, galpõe

Onde:
Obras

ENCANADOR

O que faz:
Faz encanamento, instalação e reparos de canos e vazamentos

Onde:
Casas, apartamentos e empresas

• Faz uso em seu trabalho:

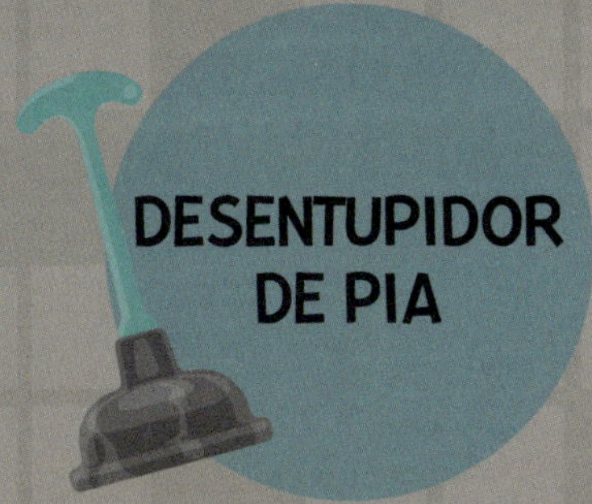

DENTISTA

O que faz:
Cuida da saúde bucal

Onde:
Consultórios odontológicos

- Faz parte de seus instrumentos de trabalho:

RAIO-X

CREME DENTAL E FLÚOR

INSTRUMENTOS

• Faz parte do trabalho:

MÚSICO

O que faz:
Toca instrumentos musicais e canta

Onde:
Shows, apresentações, bandas e orquestras

- Faz parte de seus instrumentos de trabalho:

FOGUETE

SONDA ESPACIAL

TELESCÓPIO

ASTRONAUTA

O que faz:
Explora e estuda o espaço

Onde:
Espaço, naves espaciais e institutos de pesquisa

• Faz parte de seus instrumentos de trabalho:

PROFESSORA

O que faz:
Ensina e avalia crianças, jovens e adultos

Onde:
Escolas, colégios e universidades

- Faz uso em seu trabalho:

PANELA

UTENSÍLIOS

INGREDIENTES

COZINHEIRO

O que faz:
Prepara pratos

Onde:
Restaurantes, casas e hotéis

• Faz uso ou é parte de seu trabalho:

TRACTOR

TRATAR DOS BICHOS

RASTELOS

AGRICULTOR

O que faz:
Planta, cultiva e cuida da lavoura e dos animais

Onde:
No campo, sítios e fazendas

JOGADOR DE FUTEBOL

O que faz:
Joga futebol

Onde:
Clubes de futebol

- Tem relação com seu trabalho:

MOTORISTA

O que faz:
Dirige veículos

Onde:
Ônibus, carro e caminhão

- Tem relação com seu trabalho:

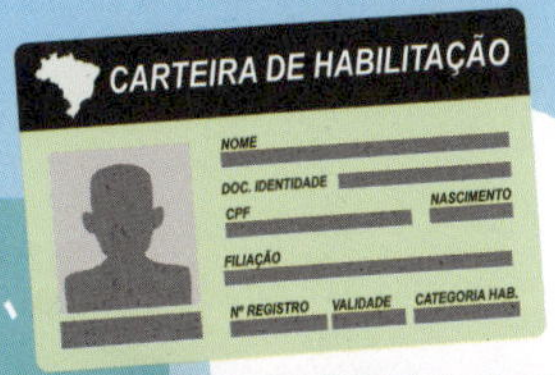

TER HABILITAÇÃO DE MOTORISTA

RESPEITAR AS LEIS E SINAIS DE TRÂNSITO

USAR CALÇADOS ADEQUADOS

CIENTISTA

O que faz:
Realiza pesquisas e estudos

Onde:
Laboratórios

- Faz parte de seus instrumentos de trabalho:

MICROSCÓPIO

TUBOS DE ENSAIO

PRODUTOS QUÍMICOS

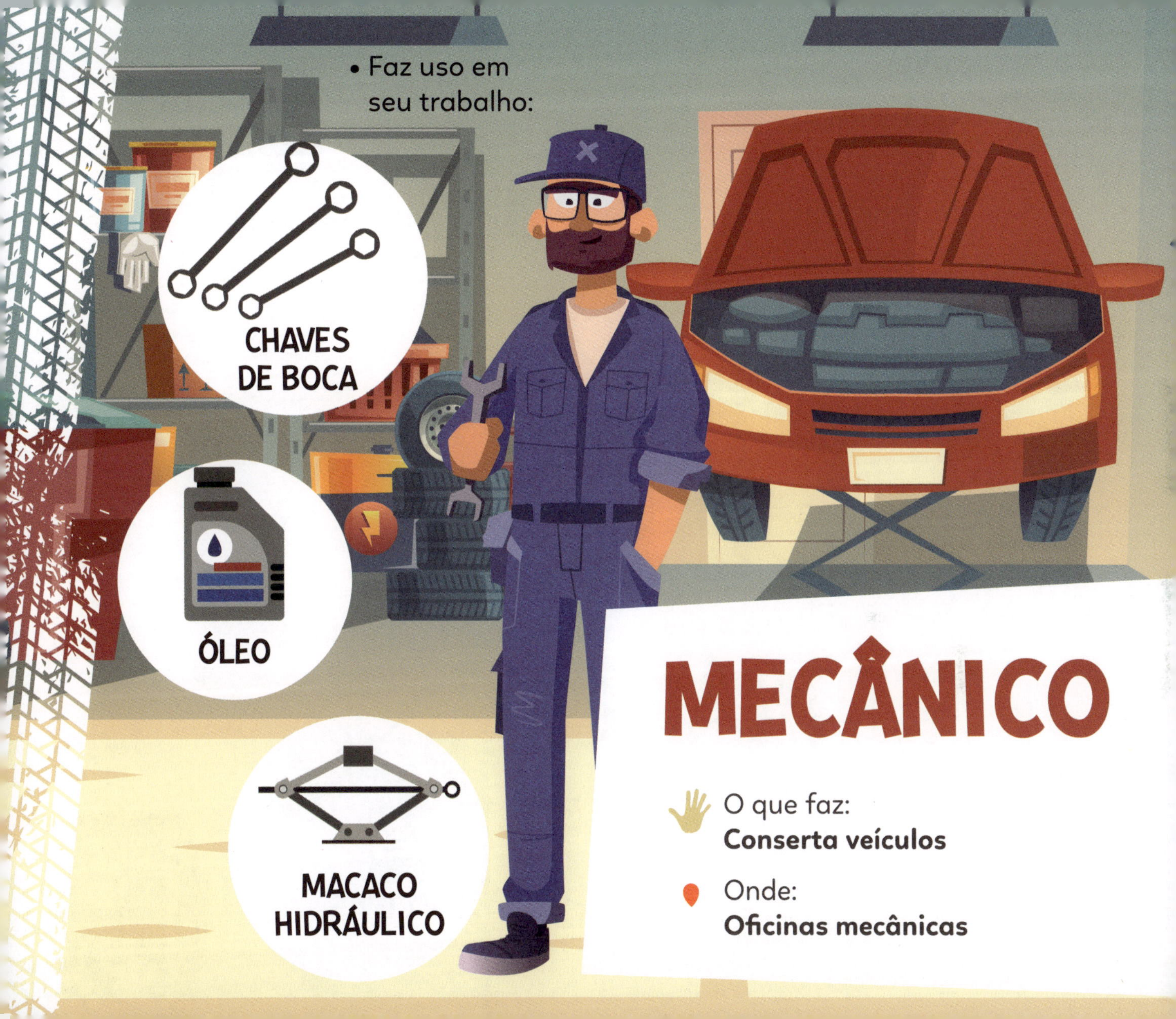

MECÂNICO

O que faz:
Conserta veículos

Onde:
Oficinas mecânicas

- Faz uso em seu trabalho:

CHAVES DE BOCA

ÓLEO

MACACO HIDRÁULICO

VETERINÁRIO

O que faz:
Cuida e trata de animais

Onde:
Clínicas veterinárias, fazendas e sítios

- Faz uso ou é parte de seu trabalho:

- Faz uso em seu trabalho:

EXTINTOR

MÁSCARA

ESCADA

BOMBEIRO

O que faz:
Atua em incêndios, resgate em acidentes e emergências médicas

Onde:
Corpo de Bombeiros e ocorrências

- Faz uso ou é parte de seu trabalho:

OPERÁRIO

O que faz:
Opera máquinas que montam peças e produtos

Onde:
Indústrias e fábricas

- Faz uso em seu trabalho:

PRODUTOS DE LIMPEZA

ASPIRADOR DE PÓ

CARRINHO DE LIMPEZA

FAXINEIRA

O que faz:
Limpa lugares e objetos

Onde:
Casas, empresas e consultórios

CAPITÃO DE NAVIO

O que faz:
Comanda o navio e a tripulação

Onde:
Navios